7 Novembre 1912

V

Troisième Vente

Collection de feu M. Adolphe Singher

# Objets d'Art
# Meubles
# Tapisseries

ayant décoré

La Maison dite

de la Reine Bérengère

au Mans

Paris MCMXII

Collection de Feu M. Adolphe SINGHER

(TROISIÈME VENTE)

# OBJETS D'ART

## MEUBLES, TAPISSERIES

AYANT DÉCORÉ

***La Maison** dite **de la Reine Bérengère***

**AU MANS**

## CONDITIONS DE LA VENTE

Elle sera faite au comptant.

Les adjudicataires paieront *dix pour cent* en sus des enchères.

L'exposition mettant le public à même de se rendre compte de l'état et de la nature des objets, aucune réclamation ne sera admise une fois l'adjudication prononcée.

## ORDRE DES VACATIONS

### Le Jeudi 7 Novembre 1912

| | | | |
|---|---|---|---|
| Ivoires | 1 | à | 9 |
| Émaux champlevés et peints | 10 | à | 29 |
| Bronzes, Cuivres | 30 | à | 71 |
| Ferronnerie | 72 | à | 90 |
| Objets variés | 91 | à | 108 |
| Armes | 109 | à | 125 |
| Coffrets | 126 | à | 140 |

### Le Vendredi 8 Novembre 1912

| | | | |
|---|---|---|---|
| Tableaux | 141 | à | 151 |
| Sculptures | 152 | à | 158 |
| Bois sculptés | 159 | à | 224 |
| Meubles et Sièges | 225 | à | 270 |
| Tapisseries, Tapis, Étoffes | 271 | à | 297 |

Paris. — Imp. de l'Art, Ch. Berger, 41, rue de la Victoire.

CATALOGUE

DES

# OBJETS D'ART

**Ivoires, Émaux, Bronzes**

**Dinanderie — Armes — Ferronnerie**

***Sculptures, Tableaux***

**MEUBLES**

## TAPISSERIES, TAPIS, ÉTOFFES

**Composant la Collection de Feu M. Adolphe SINGHER**

(TROISIÈME VENTE)

ET AYANT DÉCORÉ

LA MAISON DITE DE LA REINE BÉRENGÈRE, AU MANS

**Dont la Vente aura lieu à PARIS**

HOTEL DROUOT, SALLE N° 6

**LES JEUDI 7 ET VENDREDI 8 NOVEMBRE 1912**

*à deux heures*

| **Mᵉ ROBERT BIGNON** | **M. HENRI LEMAN** |
| --- | --- |
| COMMISSAIRE-PRISEUR | EXPERT |
| 41, rue de la Victoire | 37, rue Laffitte |

EXPOSITION PUBLIQUE

**Le Mercredi 6 Novembre 1912, de 1 h. 1/2 à 6 heures**

# DÉSIGNATION

## IVOIRES

1 — Petite statuette en ivoire de sainte Catherine, munie de ses attributs habituels. XVIe siècle.

Haut., 13 cent.

2 — Petit groupe en ivoire présentant la Vierge debout, tenant sur son bras gauche l'Enfant Jésus bénissant, et un chapelet dans la main droite. Ancien travail espagnol.

Haut., 21 cent.

3 — Petit groupe en ivoire sculpté représentant la Vierge debout, vêtue d'un ample manteau, portant l'Enfant Jésus sur son bras gauche. XVIIe siècle.

4 — Deux petites statuettes en ivoire sculpté, l'une représentant sainte Madeleine tenant le vase à parfums, l'autre une sainte femme debout drapée dans un ample manteau.

5 — Quatre statuettes variées en ivoire sculpté présentant divers personnages. Ancien travail italien.

6 — Petit groupe en ivoire sculpté présentant deux personnages montés dans une charrette à deux roues attelée d'un cheval. Ancien travail oriental.

7 — Petit groupe en ivoire présentant la Vierge assise, tenant l'Enfant Jésus debout sur son genou gauche.

8 — Diptyque en ivoire sculpté. Il est orné sur chacun des volets de trois scènes superposées représentant des sujets relatifs à la vie du Christ. Style du xve siècle.

Haut., 265 millim.; larg., 145 millim.

9 — Petit groupe en ivoire sculpté, de style gothique, présentant la Vierge assise sur une stalle et tenant l'Enfant Jésus.

# ÉMAUX

## Champlevés et peints

10 — Petite châsse, en forme de maison, en cuivre champlevé et émaillé ; elle est ornée sur la face et le revers de losanges contenant des palmettes stylisées. Les côtés sont décorés de figures d'anges debout et le couvercle rapporté est fait d'une plaquette ancienne de cuivre gravé et doré sur laquelle sont fixés des petites poupées et des cabochons. Limoges. En partie du XIIIe siècle.

Larg., 105 millim.

11 — Pyxide de forme ronde, à couvercle conique surmonté de la croix ; décor de palmettes et de rinceaux. Limoges, XIIIe siècle.

12 — Pyxide à couvercle conique surmonté d'une croix. Décor de palmettes et de rinceaux. Limoges, XIIIe siècle.

13 — Croix plate en cuivre champlevé, avec figurine de Christ d'applique. Limoges, XIIIe siècle.

Haut., 20 cent.

14 — Couvercle de pyxide, Christ en cuivre gravé, trois poupées de châsse et une petite plaquette représentant un ange marchant vers la gauche. Ensemble six pièces en cuivre champlevé et émaillé. Limoges, XIIIe siècle.

15 — Christ byzantin en cuivre gravé et doré, petites poupées de châsse, et diverses plaquettes en cuivre champlevé et émaillé. (8 pièces). Limoges, XIII^e et XIV^e siècles.

16 — Groupe en cuivre doré figurant la Vierge assise, tenant l'Enfant Jésus. La stalle est en émail champlevé à fond bleu lapis, à décor d'anges, de personnages et de rinceaux réservés.

Haut., 21 cent.

17 — Crosse en cuivre champlevé et émaillé, de style byzantin. Elle présente dans la volute un serpent tenant une palmette à trois feuilles. Le nœud est orné de quatre figures d'anges à mi-corps, et la douille de palmettes et de rinceaux séparant deux médaillons à bustes d'anges ailés.

Haut., 29 cent.

18 — Porte-cierge formé d'un disque plat orné de quatre médaillons à bustes d'anges réservés sur fond d'émail bleu turquoise. Style byzantin.

19 — Grand porte-cierge en cuivre champlevé et émaillé, à décor d'écussons armoriés et de rinceaux. Style byzantin.

Haut., 30 cent.

20 — Trois plaquettes circulaires en cuivre champlevé et émaillé, de style byzantin. Elles offrent au centre un médaillon ajouré présentant une sirène disposée au milieu de rinceaux. Bordure plate à palmettes émaillées sur fond bleu.

Diam., 85 millim.

21 — Plaquette cintrée en cuivre champlevé et émaillé, à décor de palmettes et de rinceaux sur fond d'émail bleu. Elle est ornée d'une figure-applique en cuivre doré, de saint personnage drapé, debout, tenant un livre. Style byzantin.

Haut., 19 cent.

22 — Navette en cuivre champlevé et émaillé, de style byzantin, décorée sur le couvercle de deux médaillons à bustes d'anges ailés encadrés de palmettes et de rinceaux.

23 — Deux plaques circulaires en cuivre champlevé et émaillé, de style byzantin, présentant deux anges à mi-jambes tenant des livres.

Diam., 115 millim.

24 — Gémellion en cuivre champlevé et émaillé, de style byzantin. Il offre au centre l'écusson de France et au pourtour six médaillons ronds avec figures d'hommes armés.

25 — Deux plaquettes en cuivre champlevé et émaillé, de style byzantin, l'une présentant la Création de la femme, l'autre la Nativité.

26 — Pyxide en cuivre champlevé et émaillé, à décor de médaillons à bustes d'anges et du monogramme du Christ sur fond blanc. Style byzantin.

27 — Croix en cuivre champlevé émaillé, de style byzantin, présentant une figure de Christ en relief sur fond d'émail gros bleu orné de rinceaux réservés.

28 — Deux petites plaques en émail peint en couleurs : l'une représentant saint Antoine, l'autre saint Jacques, mineur. Limoges, XVIIe siècle.

29 — Trois plaques en émail de Limoges peintes en couleurs, dans le style du XVIe siècle.

# BRONZES, CUIVRES, ETC.

30 — Croix plate en cuivre gravé. Elle est ornée sur la face d'un Christ en relief et de quatre médaillons quadrilobés ornés de cabochons en verre. Le revers gravé présente un Christ bénissant et des rinceaux. xve siècle.

Haut., 53 cent.

31 — Croix en cuivre repoussé, ornée d'une figurine de Christ. Ancien travail d'Auvergne.

32 — Monstrance en cuivre doré, en forme de monument rectangulaire formé de plaquettes de verre et disposé sur une tige à pans fixée sur un pied rond. xve siècle.

Haut., 30 cent.

33 — Gros nœud de croix processionnelle en cuivre repoussé et doré, à décor de feuilles, orné de six plaquettes losangées émaillées. xve siècle.

34 — Deux encensoirs en cuivre, à couvercles simulant des monuments gothiques. xve siècle.

35 — Petit groupe présentant la Vierge assise sur un trône, tenant l'Enfant Jésus sur ses genoux, disposé sur une colonne avec base et chapiteau ornementés. Partiellement en cuivre et argent.

Haut., 33 cent.

36 — Grande croix processionnelle en cuivre repoussé. Elle est ornée sur chacune de ses faces de l'agneau mystique et repose sur un nœud volumineux décoré au pourtour de figures d'apôtres disposés sous des arcatures cintrées. Commencement du XVIe siècle.

Haut., 84 cent.

37 — Croix en cuivre gravé et doré. Elle est décorée sur la face d'un Christ en relief, à jupe émaillée et du titulus également émaillé. Le revers présente au centre une plaquette en cuivre champlevé et émaillé figurant le Christ bénissant et tenant la boule du monde, et de quatre plaquettes quadrilobées présentant les Evangélistes. Elle est enrichie également de cabochons de verres de couleurs. XIVe siècle.

Haut., 51 cent.

38 — Collection de figurines de Christ, de croix et de petites statuettes de saints personnages en bronze, en cuivre et en argent. (Environ 12 pièces.)

39 — Mors de chape, de forme polylobée, en cuivre doré. Il présente au centre, et disposés en relief, divers personnages : la Vierge assise, tenant l'Enfant Jésus, est abritée sous un dais architectural ; devant elle, un adorant est agenouillé. De chaque côté, deux saints personnages tenant des livres. Fleurettes et filigranes, cabochons de pierres de couleurs et perles formant l'entourage. Style gothique.

Diam., 16 cent.

40 — Deux plaques de reliure d'évangéliaire en cuivre gravé et doré, dont l'une présente en relief le Christ assis et bénissant, disposé au milieu d'une auréole elliptique et entouré des quatre Evangélistes. L'autre plaque présente la Vierge assise, tenant l'Enfant Jésus bénissant. Dans les coins, deux anges tenant des encensoirs à la partie supérieure et deux autres anges tenant des phylactères à la partie inférieure. Fond gravé de palmettes et de rosaces.

41 — Divers objets, tels que: plaquette en cuivre repoussé, triptyque en cuivre émaillé de travail russe, appliques de croix, douille en cuivre gravé provenant de la croix, etc. (A diviser.)

42 — Trois baisers de paix en bronze ou en étain, de modèles variés.

43 — Trois pièces en fer gravé incrusté d'argent ou ajouré : un brûle-parfums, un pulvérin et un crochet de ceinture.

44 — Encensoir en cuivre argenté, décoré au pourtour de bustes de chérubins séparés par des bouquets. XVIIe siècle.

45 — Lampe d'église en cuivre, ornée au pourtour de trois attaches formées par des cariatides de femmes. XVIIe siècle.

46 — Divers récipients en cuivre rouge.

47 — Diverses marmites en bronze et en cuivre.

48 — Pot en cuivre jaune, à panse ovoïde et à déversoir formé d'une tête de lion.

49 — Seau en bronze, décoré de zones d'ornements géométriques.

50 — Petite grille à deux vantaux, à fronton cintré, en cuivre découpé et repoussé à motifs de croisillons.

Haut., 80 cent.; larg., 53 cent.

51 — Deux daubières et un petit bassin en cuivre jaune.

52 — Collection d'ustensiles de cuisine divers, tels que: fourchettes à longs manches, écumoires, louches, pelles, etc. (Environ 15 pièces.)

53 — Un lot de divers ustensiles de table, tels que: couteaux, fourchettes, casse-noisettes, cuillers, pinces, etc., d'époques variées.

54 — Lot de diverses pièces anciennes en étain, telles que: vases, marmites, bougeoirs, ciboires, etc. (A diviser.)

55 — Collection de couteaux, fourchettes et cuillers en cuivre, en bronze et en étain.

56 — Différentes pièces en cuivre, en dinanderie, et en bronze, telles que: mortiers, récipients, arrosoirs, etc. (Ensemble 5 pièces.)

57 — Une collection de mortiers en bronze et en cuivre à décors variés, et de diverses époques. Environ 15 pièces. (A diviser.)

58 — Série de troncs à aumônes ou de tirelires en fer, de formes variées. XVIe siècle.

59 — Coupe octogonale en cuivre repercé et mouluré. XVIIe siècle.

60 — Coupe ronde sans pied en cuivre repoussé et doré, présentant trois personnages jouant de la musique entourés d'une frise d'enfants et d'animaux. XVIe siècle.

Diam., 20 cent.

61 — Deux petits porte-cierge en dinanderie formés de statuettes de personnages disposées sur une base circulaire.

62 — Grosse amphore en cuivre rouge à deux anses, à panse ovoïde ornée d'un écusson et d'ornements géométriques gravés.

63 — Grand couvercle, de forme circulaire, en cuivre repoussé, orné au centre d'un médaillon présentant la grappe de la Terre promise.

64 — Grand chaudron en cuivre martelé, orné de zones pointillées.

65 — Hotte en cuivre rouge, munie de son couvercle décoré de feuilles gravées. La partie supérieure de la hotte est ornée de trois médaillons repoussés présentant la Vierge portant l'Enfant Jésus et des bustes d'empereurs romains.

66 — Collection de chandeliers et porte-cierge en cuivre et en dinanderie.

67 — Collection de robinets en bronze.

68 — Trois crochets en bronze, à décors variés.

69 — Lot de lampes de mineurs.

70 — Suspension en cuivre repercé. Travail oriental.

71 — Lanterne ronde en cuivre, garnie de petits carreaux de verre.

# FERRONNERIE

72 — Grande croix de rosaire en fer forgé, ornée à la partie supérieure de la Crucifixion, disposée au milieu d'un large motif découpé. XVIe siècle.

73 — Petite grille en fer forgé cintré, à décor géométrique et à rosaces. XVIe siècle.

Haut., 1 m. 40 cent.; larg., 67 cent.

74 — Deux grilles en fer forgé, à décor de volutes.

Haut., 1 mètre ; larg., 60 cent.

75 — Christ en fonte de fer, disposé sur une croix en fer forgé. XVIe siècle.

Haut., 71 cent.

76 — Deux trépieds en fer forgé, l'un à tige unie, l'autre à tige torse.

77 — Deux pupitres en fer forgé et ajouré, à décor géométrique.

78 — Trépied en fer forgé, à motifs d'enroulements. Il est muni d'un bassin en cuivre jaune.

79 — Série de porte-cierge et porte-lumière, de modèles variés, en fer forgé. XVe et XVIe siècles.

80 — Grille de défense, garnie de piquants en fer forgé.

81 — Collection de landiers et de chenets en fonte de fer, à motifs gothiques, personnages, etc. (A diviser.)

82 — Important lot de verrous, targettes, cadenas en fer forgé, de modèles et d'époques variés.

83 — Deux heurtoirs en fer forgé, décorés chacun d'une tête de dragon. Ils sont munis l'un et l'autre de leurs plaques d'attaches, de forme rectangulaire, ornées d'arcatures et de clochetons de style gothique.

84 — Collection de heurtoirs, plaques de serrure, appliques de porte, etc., en fer forgé, des XV$^e$, XVI$^e$ et XVII$^e$ siècles.

85 — Différentes potences et autres objets en fer forgé.

86 — Collection de nombreux clous et d'appliques de portes en fer forgé et ajouré, de modèles variés. XV$^e$ et XVI$^e$ siècles.

87 — Diverses ferrures : anneaux de portes, fragments de grilles. XVI$^e$ et XVII$^e$ siècles.

88 — Diverses crémaillères de cheminée en fer forgé.

89 — Applique en fer forgé, à motifs de feuilles et de fleurettes, ayant servi de support à une fontaine.

90 — Divers moules à hosties et à gaufres en fer, à décors divers.

# OBJETS VARIÉS

91 — Six fragments de vitraux anciens présentant des angelots sur une nuée et des scènes à personnages. XVIe siécle.

92 — Différents petits vitraux, à motifs variés. XVe et XVIe siècles.

93 — Différents fragments de vitraux, à motifs variés en couleurs. XVe et XVIe siècles.

94 — Deux petits fragments de vitraux : anges ailés, vêtus l'un d'une robe robe rouge, l'autre d'une robe jaune sur fond bleu. XVe siècle.

95 — Collection de verres antiques, provenant de l'Asie Mineure, de formes et de modèles variés. Environ 20 pièces. (A diviser.)

96 — Collection de verrerie de Bohême et de Venise, composée de : coupes sur piédouche, plateaux, verres, flacons, aiguières, etc. Environ 15 pièces. (A diviser.)

97 — Pichet, pot à tabac, bougeoir en forme de personnage, etc. Diverses pièces en grès.

98 — Encrier en forme de cœur en faïence italienne, à décor polychrome.

99 — Ornement de fontaine formé de trois têtes de femme adossées. xvi^e siècle.

Haut., 20 cent.

100 — Terre cuite : Moïse, d'après Michel-Ange.

101 — Calendrier sur parchemin (incomplet). Il est relié en cuir fauve orné de dorure. xv^e siècle.

102 — Manuscrit sur parchemin. Il est orné d'initiales ornementées et de décorations marginales composées de rinceaux fleuris. xv^e siècle. (Incomplet.)

103 — Quatre manuscrits sur parchemin. xv^e siècle. (Incomplets.)

104 — Partie de manuscrit sur vélin. La première page est ornée d'un encadrement à rinceaux et médaillons-bustes. xvi^e siècle.

105 — Miniature sur parchemin, à décor de nombreux personnages. Cadre mouluré en bois noir.

106 — Feuille de manuscrit sur vélin, décorée d'initiales et de bandes d'encadrement en couleurs. xv^e siècle. Gravure sur bois présentant Dieu le Père, assis dans une stalle gothique, tenant la boule du monde et bénissant. Encadrement composé des symboles des Evangélistes et d'angelots. (2 pièces sous verre.)

107 — Miniature peinte sur parchemin présentant une femme en riche costume, coiffée d'un hennin et tenant sur son bras droit un faucon. Fond de paysage avec vue de château fort.

108 — Train de carrosse de poupée en bois sculpté peint et doré. (La caisse de la voiture manque.)

# ARMES

109 — Coulevrine en fer et un canon de fusil de rempart orné de cannelures. (2 pièces.) XVe et XVIe siècles.

110 — Arbalète à rouet. Le fût est en bois sculpté. XVIe siècle.

111 — Deux petites arbalètes, l'une d'elles à fût de bois incrusté de plaques d'ivoire. XVIe siècle.

112 — Deux épées à poignée en corbeille. XVIe siècle.

113 — Six casques en fer, morions, cabassets, armets de différentes époques. (A diviser.)

114 — Cuirasse, composée d'une pansière et d'une dossière en fer gravé, à motifs de larges bandes ornementées et de médaillons à personnages.

115 — Deux parties de vêtements de mailles en fer, et fragments d'armure à lamelles gravées. (Ensemble 4 pièces.)

116 — Hallebarde en fer, montée sur une longue hampe en bois. XVIe siècle.

117 — Un lot de piques, lances, hallebardes en fer, montées sur des hampes de bois.

118 — Trois hallebardes, montées sur de longues hampes en bois.

119 — Un lot de fers de lances, hallebardes, fourches, etc. en fer.

120 — Différentes pièces : étriers, mors de bride, cadenas, etc.

121 — Deux fusils. XVIIe siècle.

122 — Trois poires à poudre sculptées en corne et en ivoire. XVIIe siècle.

123 — Une éprouvette en forme de pistolet, à fût de bois garni de fer. XVIIe siècle.

124 — Têtière d'armure de cheval en fer gravé, à décor de bandes d'entrelacs et de médaillons fleurdelysés.

125 — Deux jambières en métal, décor d'oiseaux et de guirlandes feuillagées.

# COFFRETS

126 — Coffret rectangulaire en bois noir, à couvercle plat. Il est entièrement garni d'une monture en fer découpé. xv$^{e}$ siècle.

127 — Coffret rectangulaire, à couvercle plat, en bois garni de cuir et revêtu d'une armature en fer noirci. Fin du xv$^{e}$ siècle.

128 — Grand coffret rectangulaire, à couvercle légèrement bombé, en bois sculpté, bordé d'une garniture de fer découpé. Il est orné sur toutes ses faces de rosaces, de rinceaux et de palmettes. xvi$^{e}$ siècle.

129 — Coffret, de forme bombée, en cuir noir ciselé et gravé, à décor de palmettes et de rinceaux. Italie, xvi$^{e}$ siècle.

130 — Coffret rectangulaire, à couvercle plat, décoré de bandes de fer rapportées, à motifs gothiques. Serrure à moraillon.

131 — Petit coffret rectangulaire en fer ajouré, à motifs d'entrelacs. Il est muni d'une serrure à moraillon.

132 — Petit coffre en bois sculpté, décoré sur la face de deux panneaux à rosaces, séparés par des montants formés de figurines-appliques de personnages. xvi$^{e}$ siècle.

133 — Coffret. Le couvercle est orné de quatre bandes verticales séparées par des moulures saillantes.

134 — Coffret rectangulaire en bois gravé et incrusté de cuivre et de plaquettes d'ivoire. Ancien travail espagnol.

135 — Coffret rectangulaire, à couvercle plat, en bois sculpté. Il est orné sur toutes ses faces de palmettes feuillagées de rinceaux et de personnages. A l'intérieur : figurine de sainte Catherine debout sculptée en bas-relief.

136 — Coffre de voyage en fer, muni au revers du couvercle d'une serrure compliquée à nombreux pênes. XVIIe siècle.

137 — Deux petits coffrets, l'un en fer, l'autre en cuir noir, avec garniture de métal.

138 — Coffret rectangulaire en cuir. Il est décoré de bandes sur un fond imitant l'écaille. XVIIe siècle.

139 — Grand coffret rectangulaire en bois sculpté. Il est orné sur la face de panneaux à entrelacs et à fenestrages et, sur les côtés, d'arcatures cintrées. Le couvercle bombé, garni de fer, est sculpté de cannelures.

140 — Petit cabinet fermant à deux portes. Il est muni à l'intérieur d'une niche centrale fermée par un vantail et de nombreux tiroirs en bois marqueté. Ancien travail italien.

# TABLEAUX

141 — Petit panneau rectangulaire peint sur bois, présentant la Vierge agenouillée en pleurs, et disposée sous des arcatures gothiques exécutées en pâte. Travail espagnol du XVe siècle.

Haut., 44 cent.; larg., 37 cent.

142 — Panneau rectangulaire peint sur bois présentant une composition à nombreux personnages : la Descente de croix. XVIe siècle.

Haut., 75 cent.; larg., 56 cent.

143 — Peinture rectangulaire sur panneau : Sainte Catherine vue à mi-corps. XVIe siècle.

Haut. 42 cent.; larg., 31 cent.

144 — Peinture sur panneau représentant Sainte Catherine assise en adoration devant la Vierge et l'Enfant Jésus. Italie, XVIe siècle.

Haut., 72 cent.; larg., 60 cent.

145 — Tableau sur toile, composition allégorique à nombreux personnages représentant la Création. XVIIe siècle.

146 — Tableau peint sur toile présentant un saint moine en prières. XVIIe siècle.

147 — Deux peintures ovales sur panneaux présentant un homme et une femme à mi-corps vus de trois quarts. École hollandaise, XVIIe siècle.

Haut., 40 cent.

148 — Panneau rectangulaire peint sur toile : Tête de Christ de face. Cadre sculpté, de style gothique.

149 — Petite peinture, de forme circulaire, sur panneau, présentant un buste de personnage barbu de trois quarts à droite. Cadre mouluré portant la date : *1556*.

Diam., 26 cent.

150 — Trois petites peintures présentant dans des médaillons ovales des bustes de saints personnages. XVIIe siècle.

151 — Ancienne peinture rectangulaire sur toile présentant sainte Madeleine en buste tournée de profil à droite, les mains jointes.

Haut., 35 cent.; larg., 27 cent.

# SCULPTURES EN PIERRE

152 — Statuette d'applique en pierre, avec traces de polychromie, représentant sainte Catherine debout, tenant la roue et un glaive. Fin du XV^e siècle.

Haut., 95 cent.

153 — Haut-relief d'applique en pierre sculptée présentant la Vierge, drapée et couronnée, assise sur une stalle ornementée, portant sur son bras gauche l'Enfant Jésus. Elle est abritée sous un dais à arcatures gothiques. XV^e siècle.

Haut., 70 cent.

154 — Petit buste de Vierge, drapée et voilée, en pierre sculptée, avec traces de polychromie. Petit buste de Christ couronné d'épines. (2 pièces.)

155 — Groupe d'applique en pierre sculptée présentant la Vierge debout, tenant l'Enfant Jésus. Elle est vêtue d'un manteau garni de franges et attaché au moyen d'une large agrafe simulant une rosace. XVI^e siècle.

Haut., 59 cent.

156 — Chapiteau en pierre sculptée, orné de deux rangs de feuillage crispé. XIV^e siècle.

Haut., 32 cent.

157 — Petite jardinière, de forme barlongue, en pierre sculptée, à motifs de draperies et de bustes. XVIIe siècle.

158 — Buste en marbre sculpté et polychromé présentant un homme vêtu d'un manteau et coiffé d'un bonnet dont un pan retombe sur le côté gauche. Style du XVIe siècle.

## BOIS SCULPTÉS

159 — Statuette en bois sculpté de saint personnage à mi-corps, tenant un livre de la main droite. Une cavité formant reliquaire, entourée de bandes rapportées en émail champlevé, a été aménagée sur la poitrine. XVe siècle.

Haut., 42 cent.

160 — Figurine d'applique en bois sculpté, avec traces de peinture, présentant un ange tourné vers la gauche. XVe siècle.

Haut., 60 cent.

161 — Statuette-applique en chêne sculpté présentant la Vierge drapée et voilée, les mains jointes. XVe siècle.

Haut., 75 cent.

162 — Groupe-applique en bois sculpté, avec traces de polychromie, représentant l'Éducation de la Vierge. Fin du XVe siècle.

Haut., 67 cent.

163 — Statuette en bois sculpté peint en blanc de Vierge debout, drapée et voilée, les mains jointes. xv$^{e}$ siècle.

Haut., 1 m. 30 cent.

164 — Statuette d'applique en bois sculpté représentant saint Jean debout et drapé, tenant un livre. Bois de chêne. xv$^{e}$ siècle.

Haut., 86 cent.

165 — Statuette en bois sculpté présentant saint Jean debout, drapé, tenant un livre de la main gauche, la main droite appuyée contre sa poitrine. xv$^{e}$ siècle.

Haut., 1 m. 12 cent.

166 — Groupe d'applique en bois sculpté présentant la Vierge debout, voilée et couronnée, drapée dans un manteau dont elle ramène les plis sur son bras gauche, et portant l'Enfant Jésus tenant la boule du monde. Traces de polychromie. xv$^{e}$ siècle.

Haut., 1 m. 30 cent.

167 — Groupe d'applique en bois sculpté représentant la Vierge assise sur un banc mouluré, couronnée, drapée dans un ample manteau, tenant sur ses genoux l'Enfant Jésus bénissant. (Restauré.) xv$^{e}$ siècle.

Haut., 1 m. 26 cent.

168 — Groupe-applique en bois sculpté peint en blanc présentant la Vierge à mi-corps, portant l'Enfant Jésus sur son bras gauche. Fin du xv$^{e}$ siècle.

Haut., 42 cent.

169 — Groupe d'applique en bois sculpté présentant la Vierge debout, drapée dans un ample manteau, portant l'Enfant Jésus qui tient une colombe. Commencement du xvi$^{e}$ siècle.

Haut., 1 m. 55 cent.

170 — Petit buste de saint personnage barbu, la tête légèrement inclinée vers son épaule gauche. xvi$^{e}$ siècle.

171 — Statuette en bois sculpté présentant la Vierge, drapée et voilée, debout, les mains croisées sur sa poitrine. xvi$^{e}$ siècle.

Haut., 1 m. 05 cent.

172 — Statuette de saint évêque, vu à mi-corps, mitré, et tenant un livre. xvi$^{e}$ siècle.

Haut., 55 cent.

173 — Trois statuettes en bois sculpté et polychromé représentant des anges céroféraires agenouillés. xvi$^{e}$ siècle.

Haut., 40 cent.

174 — Groupe d'applique en chêne sculpté représentant sainte Anne debout, drapée et voilée, portant sur son bras gauche la Vierge couronnée et l'Enfant Jésus auquel elle présente un livre de la main droite. XVIe siècle.

Haut., 1 m. 30 cent.

175 — Groupe d'applique en bois sculpté et polychromé représentant la Vierge debout, voilée et couronnée, amplement drapée dans un manteau bleu bordé d'un galon doré, tenant l'Enfant Jésus sur son bras gauche. XVIe siècle.

Haut., 1 m. 30 cent.

176 — Statuette d'applique en bois sculpté présentant la Vierge drapée et voilée debout, tenant un livre dans sa main gauche. XVIe siècle.

Haut., 84 cent.

177 — Douze statuettes d'applique en bois sculpté présentant les apôtres debout, drapés et tenant leurs attributs. XVIe siècle.

Haut., 42 cent.

178 — Groupe d'applique en bois sculpté peint en blanc, représentant la Vierge debout portant l'Enfant Jésus sur son bras droit. Ancien travail d'Auvergne.

Haut., 53 cent.

179 — Groupe d'applique en bois sculpté, peint et doré, présentant saint Anne assise, tenant sur ses genoux la Vierge et l'Enfant Jésus. Ancien travail espagnol.

Haut., 80 cent.

180 — Statuette en bois sculpté représentant la Vierge debout, les mains jointes, vêtue d'une robe blanche et d'un manteau bleu. XVIe siècle.

Haut., 75 cent.

181 — Trois petites statuettes en bois sculpté et polychromé. Deux d'entre elles présentent la Vierge debout, tenant l'Enfant Jésus, et la troisième, saint Laurent debout, tenant ses attributs. XVIe siècle.

182 — Statuette en bois sculpté, avec traces de polychromie, présentant un ange agenouillé et tourné vers la gauche. XVIIe siècle.

Haut., 70 cent.

183 — Groupe en bois sculpté présentant la Vierge debout, drapée, tenant l'Enfant Jésus sur son bras gauche et un sceptre de la main droite. XVIIe siècle.

Haut., 93 cent.

184 — Statuette en bois sculpté de saint évêque debout, mitré, tenant sa crosse de la main droite. XVIIe siècle.

Haut., 92 cent.

185 — Statuette en bois sculpté et peint présentant un ange drapé, les deux mains avancées. XVII$^{e}$ siècle.

Haut., 66 cent.

186 — Statuette en bois sculpté de saint évêque debout et mitré, Il est vêtu de ses vêtements sacerdotaux. XVII$^{e}$ siècle.

Haut., 70 cent.

187 — Statuette en bois sculpté présentant un moine debout, vêtu d'une robe à capuchon, tenant un livre de la main gauche.

Haut., 1 m. 10 cent.

188 — Quatre petites statuettes variées en bois sculpté et polychromé présentant des saints personnages.

189 — Quatre statuettes analogues.

190 — Groupe en bois sculpté présentant la Vierge assise, drapée et voilée, tenant l'Enfant Jésus sur son genou gauche.

Haut., 24 cent.

191 — Petite croix-reliquaire, sculptée sur les deux faces, présentant le Christ et divers personnages. Bois. Travail gréco-russe.

192 — Onze bas-reliefs en bois sculpté et polychromé présentant des apôtres debout. XVI$^{e}$ siècle.

193 — Fragment de bas-relief en bois sculpté et polychromé, à fronton cintré, représentant la Crucifixion. xv^e^ siècle.

Larg., 85 cent.

194 — Trois consoles en bois sculpté, à personnages, et provenant d'extrêmités de poutres. xv^e^ siècle.

195 — Deux côtés de coffre en bois sculpté, ornés chacun de deux panneaux à fleurettes ornementées et inscrites dans des entrelacs. xv^e^ siècle.

196 — Fragment de poutre de maison en bois sculpté représentant une sainte femme debout sur une console. xv^e^ siècle.

Haut., 1 m. 05 cent.

197 — Partie de lambris en chêne sculpté, orné de trois panneaux gothiques à fenestrages et rosaces. xv^e^ siècle.

Haut., 1 m. 10 cent. ; larg., 1 m. 05 cent.

198 — Panneau de coffre en bois sculpté, à décor de clochetons et de fenestrages gothiques. xv^e^ siècle.

Haut., 55 cent. ; larg., 80 cent.

199 — Deux portes de crédence en bois sculpté en bas-relief, à motifs gothiques. (Incomplètes.)

200 — Petit monument rectangulaire en bois sculpté. Il est orné sur la face et sur les côtés d'arcatures gothiques flanquées de contreforts.

Haut., 38 cent. ; larg., 40 cent. ; prof., 19 cent.

201 — Deux panneaux en bois sculpté, à motifs gothiques, présentant des rosaces et des quadrillages à fleurettes. xv<sup>e</sup> siècle.

202 — Frise rectangulaire en bois sculpté en bas-relief présentant des chasseurs, des cavaliers et des animaux. xvi<sup>e</sup> siècle.

Haut., 25 cent.; larg., 1 m. 10 cent.

203 — Deux panneaux en bois sculpté en bas-relief représentant sainte Barbe et sainte Madeleine debout, tenant leurs attributs et disposées sous une arcature cintrée ornée d'arabesques et de rinceaux.

Haut., 89 cent.; larg., 33 cent

204 — Devant de coffre, composé de quatre panneaux à rosaces et motifs gothiques. xv<sup>e</sup> siècle.

Long., 1 m. 70 cent.

205 — Grand panneau de coffre, décoré d'une figurine de Vierge debout, les mains jointes, et de panneaux cannelés, à décor d'entrelacs et de rosaces. xvi<sup>e</sup> siècle.

Haut., 1 m. 20 cent.; larg., 1 m. 80 cent.

206 — Grand devant de coffre en bois. Il est orné à la partie centrale d'un montant décoré de motifs gothiques et de six panneaux à parchemins repliés.

Long., 2 mètres.

207 — Petite porte composée de quatre panneaux Renaissance en bois sculpté, décorés chacun d'une rosace centrale disposée au milieu de palmettes et de rinceaux. XVI^e siècle.

208 — Deux panneaux rectangulaires provenant de devants de coffres, sculptés de motifs gothiques à rosaces et fenestrages. XV^e siècle.

209 — Devant de coffre en bois sculpté. Il offre au centre une figurine disposée entre six palmettes stylisées. XVI^e siècle.

Long., 1 m. 55 cent.

210 — Quatre panneaux en bois sculpté présentant des écussons armoriés.

211 — Trois grandes cariatides de femmes en chêne sculpté. XVI^e siècle.

Haut., 1 m. 50 cent.

212 — Devant de coffre en bois sculpté. Il est orné d'un panneau rectangulaire bordé d'une grosse moulure à palmettes et flanqué de deux pilastres cannelés. XVI^e siècle.

Haut., 70 cent.; larg., 1 m. 20 cent.

213 — Devant de coffre analogue, panneau rectangulaire à décor de palmettes et flanqué de deux pilastres formés de colonnettes engagées, cannelées et surmontées de chapiteaux.

Haut., 67 cent.; long., 1 m. 20 cent.

214 — Panneau rectangulaire en bois sculpté, à motifs géométriques. Il a été divisé en deux vantaux. XVI^e^ siècle.

Haut., 1 m. 60 cent.; larg., 72 cent.

215 — Deux portes, décorées chacune de huit panneaux sculptés en bas-relief, présentant des bustes de personnages tournés de profil et peints en blanc et noir. Encadrement mouluré. Travail espagnol de la fin du XVI^e^ siècle.

Haut., 2 m. 40 cent.; larg., 73 cent.

216 — Fronton de meuble en bois sculpté. Il est orné au centre d'une figure de la Justice, disposée dans un encadrement architectural accosté de deux chimères.

217 — Partie de lambris formés de divers panneaux des XV^e^ et XVI^e^ siècles, les uns à médaillons-bustes, les autres à rosaces et fenestrages gothiques ou à parchemins repliés. (Ensemble 11 panneaux.)

218 — Divers panneaux gothiques, à parchemins repliés. XV^e^ siècle.

219 — Fragment de corbeau, orné d'une tête barbue, console sculptée en forme de chérubin, montant de coffre et panneaux sculptés variés. XVe et XVIe siècles.

220 — Différents panneaux en bois sculpté : têtes de chérubins, etc. (Environ 10 pièces.)

221 — Bas-relief rectangulaire, incomplet, en bois sculpté, représentant une scène de la vie du Christ, à nombreux personnages. XVIe siècle.

Haut., 72 cent. ; larg., 65 cent.

222 — Deux panneaux ovales sculptés, en bas-relief, présentant saint Roch debout, accompagné de l'ange et de son chien, et saint Sébastien debout, attaché à l'arbre. XVIe siècle.

Haut., 95 cent.

223 — Bandeau en bois sculpté, à décor de rinceaux feuillagés, entremêlés d'oiseaux et de divers animaux. XVIe siècle.

Long., 1 m. 95 cent.

224 — Panneau sculpté, en bas-relief, présentant un roi mage debout, en costume Moyen-âge, tenant une châsse.

# MEUBLES ET SIÈGES

225 — Partie supérieure d'un meuble, à deux corps, fermant à deux vantaux ornés de trophées guerriers. Ces portes sont séparées par des montants à cariatides d'homme et de femme. Soubassement mouluré à décor de palmettes et de godrons. XVIe siècle.

Haut., 73 cent. ; larg., 1 m. 10 cent. ; prof., 48 cent.

226 — Partie supérieure d'un meuble à deux corps, fermant à deux portes ornées de figurines d'amours nus, tenant des fleurs. Les pilastres sont formés de cariatides d'hommes et de femmes. XVIe siècle.

Haut., 50 cent. ; larg., 1 m. 15 cent. ; prof., 48 cent.

227 — Table rectangulaire à piètement formé de colonnettes cylindriques unies réunies par des traverses. Au centre de l'entretoise est disposée une colonnette analogue.

Long., 1 m. 35 cent. ; larg., 68 cent.

228 — Petite armoire à deux vantaux, formée de quatre grands panneaux gothiques sculptés, à arcatures, fenestrages et fleurons.

Haut., 90 cent. ; larg., 1 m. 38 cent.

229 — Pupitre en bois sculpté, de style gothique.

230 — Coffre en bois sculpté. Il est décoré, sur la face et sur les côtés, de motifs gothiques. Il est muni d'une plaque de serrure en fer repercé. XV$^{e}$ siècle.

Haut., 60 cent. ; larg., 1 m. 27 cent. ; prof., 60 cent.

231 — Coffre en bois sculpté, ouvrant à deux vantaux moulurés, séparés par des montants à personnages. En partie du XVI$^{e}$ siècle.

Larg., 1 m. 57 cent.

232 — Tabouret. Le siège est rond et supporté par un piètement ornementé à têtes de chérubin, guirlandes, rinceaux et palmettes, posé sur des pieds-griffes. Style Renaissance italienne.

233 — Petite chaise en bois. Le siège formant coffre est décoré sur la face d'un panneau armorié et sur le dossier d'un panneau à médaillon-buste de femme de profil à gauche et cantonné de quatre fleurs de lys.

234 — Grand coffre, décoré sur la face et sur les côtés de panneaux rectangulaires à cannelures. XVI$^{e}$ siècle.

Haut., 76 cent.; larg., 1 m.50 cent.; prof., 70 cent.

235 — Coffre. Il est décoré sur la face d'un large panneau sculpté, à quatre compartiments à arcatures gothiques ornementées et, sur les côtés, de deux rosaces.

Larg., 1 m. 10 cent.

236 — Table rectangulaire, à pieds-balustres réunis par des traverses. Elle est munie sur la ceinture de deux tiroirs à encadrement mouluré.

Long., 1 m. 70 cent.; larg., 77 cent.

237 — Tabouret de chantre, à piètement formé de quatre colonnettes-balustres réunies par des traverses. XVIIe siècle.

238 — Deux sièges bas en bois, formant coffre. Dossier ajouré, à montants unis.

239 — Coffre, orné sur la face d'un panneau rectangulaire sculpté, à décor géométrique bordé par une torsade. XVIe siècle.

Larg., 1 mètre.

240 — Coffre. Il est orné sur la face d'un large panneau sculpté, à quatre arcatures de style gothique flamboyant. La partie centrale est ornée d'un écusson fleurdelysé. En partie du XVe siècle.

Larg., 1 m. 18 cent.

241 — Petite table rectangulaire en bois sculpté, piètement ajouré en forme de console découpée, réuni par une arcature.

242 — Table ovale sur piètement pliant à quatre colonnettes.

243 — Grand coffre. Il est décoré sur la face d'un large panneau sculpté à quatre compartiments présentant des médaillons-bustes tournés de profil et encadrés par des animaux fantastiques. XVIe siècle.

Larg., 1 m. 35 cent.

244 — Grand coffre. Il est orné sur la face et sur les côtés de panneaux rectangulaires sculptés à décor géométrique et séparés entre eux par des pilastres décorés de même. Serrure à moraillon en fer. XVIe siècle.

Larg., 1 m. 48 cent.

245 — Chaise, dont le siège forme coffre en bois mouluré, à dossier cintré orné d'une inscription et du monogramme du Christ.

246 — Siège pliant à X, formé de lamelles. Le dossier est gravé d'une rosace.

247 — Coffre. Il est orné sur la face de panneaux à fenestrages et arabesques sculptées. La partie supérieure est ornée de grotesques disposés sur des guirlandes. Plaque de serrure en fer. XVIe siècle.

Larg., 1 m. 20 cent.

248 — Grand coffre, décoré sur la face de six panneaux à parchemins et, au centre, d'un buste de Christ disposé sous une arcature gothique.

Haut. 50 cent.; long., 1 m. 80 cent.

249 — Coffre Renaissance, orné d'un panneau et de pilastres décorés à rosaces. XVI^e siècle.

Larg., 95 cent.

250 — Banquette sans dossier, munie de deux accotoirs supportés par des colonnettes à balustres. Le siège formant coffre est orné de cinq panneaux à rosaces. XVI^e siècle.

Long., 1 m. 75 cent.

251 — Coffre en bois sculpté, décoré au centre d'un panneau représentant une tête de chérubin et deux oiseaux affrontés, et flanqué de deux autres panneaux présentant des chimères à corps d'oiseau. XVI^e siècle.

Larg., 1 m. 10 cent.

252 — Grand coffre, à couvercle bombé garni de peau de truie et de bandes de fer repoussé, à décor de postes. Ancien travail espagnol.

Haut., 53 cent.; long., 1 m. 28 cent.

253 — Quatre chaises à dossier ajouré dont le siège uni, de forme quadrangulaire, forme coffre. XVII^e siècle.

254 — Grand coffre rectangulaire en cuir clouté de cuivre. Ancien travail espagnol.

Haut., 64 cent.; long., 1 m. 32 cent.; larg., 63 cent.

255 — Grand coffre, à couvercle légèrement bombé, en bois, couvert de velours grenat et garni de pentures et d'écoinçons en fer découpé, gravé et repoussé. Ancien travail espagnol.

Haut., 75 cent.; long., 1 m. 16 cent.

256 — Grande stalle monumentale, de style Renaissance, en bois sculpté peint et rehaussé de dorure. Le devant du siège, qui forme coffre, est orné de panneaux à mascarons. Le dossier est formé d'un grand panneau ancien à nombreux compartiments superposés offrant, sculptées en bas-relief, des scènes de la vie du Christ. Les accoudoirs sont ornés d'animaux fantastiques et les côtés de panneaux ornementés à bustes de personnages, griffons et rinceaux. Le dais, orné de têtes de chérubins et de mascarons découpés, est surmonté d'un fronton à mascaron central avec guirlandes fleuries. Ce dais est supporté par deux consoles simulant des poissons.

Haut., 3 m. 20 cent. environ; larg., 1 m. 55 cent.; prof., 80 cent.

257 — Grand coffre gothique. Il est orné sur la face et sur les côtés de panneaux à parchemins repliés. XVe siècle.

Haut., 72 cent.; long., 1 m. 60 cent.; prof. 62 cent.

258 — Coffre en chêne. Il est décoré sur la face de quatre panneaux à parchemins repliés et sur chacun des côtés de deux panneaux analogues. XVe siècle.

Larg., 1 mètre.

259 — Chaise basse en bois sculpté, à dossier évidé orné d'une fine colonnette à balustre.

260 — Fauteuil en bois sculpté. Les accoudoirs sont de forme cylindrique.

261 — Coffre simulé en chêne. Il est orné sur la face de quatre panneaux à fenestrages et rosaces gothiques et sur chacun des côtés d'un panneau analogue.

262 — Coffre simulé, orné sur la face de quatre panneaux à rosaces et fenestrages gothiques, et sur chacun des côtés de deux panneaux à parchemins repliés. En partie du XVe siècle.

263 — Table à rallonges de forme rectangulaire. Le piètement est formé de quatre gros balustres ornementés, réunis par des traverses. XVIIe siècle.

Haut., 80 cent.; long., 1 mètre; larg., 72 cent.

264 — Grande table. Le plateau rectangulaire repose sur un piétement central à quatre pieds en forme de pattes de lion. Ancien travail espagnol.

Haut., 70 cent.; long., 3 m. 40 cent.; larg., 1 mètre.

265 — Coffre simulé, garni sur la face de cinq panneaux gothiques anciens, à arcatures, rosaces et fenestrages. Sous la plaque de serrure, un écusson fleurdelysé.

Long., 1 m 46 cent.

266 — Coffre incomplet. Il est orné de motifs gothiques à fenestrages et à rosaces et d'un écusson fleurdelysé.

Long., 1 m. 30 cent.

267 — Douze chaises en bois, à pieds tournés réunis par des traverses.

268 — Neuf escabeaux en bois, à piètement et dossier sculptés et découpés. Travail italien.

269 — Six chaises en bois sculpté, sièges découpés et dossiers ovales sculptés d'oiseaux, de têtes de chérubins et de feuillages.

270 — Quatorze chaises anciennes en bois, à dossier ajouré orné de petites colonnettes tournées. (Ces chaises sont à peu près semblables les unes aux autres.)

# TAPISSERIES

## Tapis, Broderies, Étoffes

271 — Panneau rectangulaire en tapisserie présentant différents animaux : singes, oiseaux et écureuils disséminés au milieu de branchages à larges feuilles. Commencement du XVIe siècle.

Haut., 1 m. 50 cent. ; larg., 1 m. 45 cent.

272 — Panneau rectangulaire en tapisserie-verdure présentant un chat, une souris et un singe disposés sur une balustrade, au milieu de grosses feuilles bleues et vertes. Commencement du XVIe siècle.

Haut., 1 m. 30 cent. ; larg., 1 mètre.

273 — Fragment de tapisserie rectangulaire présentant un personnage debout, à l'intérieur d'une voussure gothique, tenant une hallebarde garnie d'une banderole. Commencement du XVIe siècle.

Haut., 1 m. 30 cent. ; larg., 53 cent.

274 — Petit fragment de tapisserie-verdure : Chasseurs et divers animaux au milieu d'un paysage. Flandres, XVIe siècle.

Haut., 1 m. 80 cent. ; larg., 78 cent.

275 — Fragment de tapisserie Renaissance, à personnages avec fond d'habitations. XVIe siècle.

Haut., 1 m. 55 cent. ; larg., 75 cent.

276 — Panneau rectangulaire, tapisserie-verdure. XVIe siècle.

Haut., 1 m. 35 cent.; larg., 92 cent.

277 — Fragment de tapisserie Renaissance, à décor de personnages sur fond de paysage. XVIe siècle.

Haut., 1 m. 95 cent.; larg., 1 m. 35 cent.

278 — Fragment de tapisserie rectangulaire présentant un ange ailé et une cage suspendue à des rubans sur fond jaune. XVIIe siècle.

Haut., 75 cent.; larg., 1 m. 50 cent.

279 — Petit panneau rectangulaire en tapisserie présentant un enfant accompagné par une dame. (Incomplet.)

Haut., 1 m. 15 cent.; larg., 89 cent.

280 — Très petit fragment de tapisserie Renaissance décorée d'un personnage marchant vers la gauche.

Haut., 75 cent.; larg., 36 cent.

281 — Deux petits fragments de tapisserie Renaissance, à personnages.

282 — Panneau rectangulaire en tapisserie au point, à décor de larges feuilles et de fleurs sur fond blanc.

Haut., 2 m. 10 cent.; larg., 1 m. 80 cent.

283 — Grand tapis rectangulaire, décoré de fleurettes, oiseaux, animaux et ornements divers exécutés en jaune et vert sur fond gros bleu. Au centre, un écusson d'armoiries portant une inscription. Ancien travail espagnol.

Long., 5 m. 10 cent.; larg., 2 m. 85 cent.

284 — Tapis oriental, décoré de personnages et d'un motif central rectangulaire, à fond bleu et rouge. La bordure se compose de palmettes stylisées bleues, rouges et jaunes sur fond blanc. Encadrement formé d'un double galon à fond rouge et à fond jaune.

Long., 1 m. 90 cent.; larg., 1 m. 40 cent.

285 — Grand tapis, à décor d'animaux, de corbeilles fleuries et rosace centrale en couleurs sur fond bleu. Bordure de petites palmettes vertes et rouges sur fond crème.

Long., 3 m. 30 cent.; larg., 1 m. 30 cent.

286 — Petit tapis rectangulaire, orné au centre d'un monogramme d'animaux et de fleurettes sur fond gros bleu. Bordure sur fond gris.

Long., 2 m. 30 cent.; larg., 1 m. 05 cent.

287 — Tapis, à décor d'arabesques en couleurs sur fond jaune. Bordure d'encadrement de rinceaux et de palmettes en jaune et rouge sur fond bleu.

Long., 3 m. 20 cent.; larg., 2 m. 45 cent.

288 — Petit tapis, de forme rectangulaire, présentant des branchages et des rinceaux en applications de couleurs sur fond rouge et blanc. Bordure fond bleu. Travail oriental.

Long., 2 m. 10 cent.; larg., 1 m. 10 cent.

289 — Grand tapis en tissu broché, à fond rouge, orné de larges palmettes stylisées brodées de soies de couleurs.

290 — Divers appliques en étoffe brodée et applications présentant des saints personnages. XVIe et XVIIe siècles.

291 — Quatre petits morceaux en broderie de soie de couleurs, présentant des saints personnages. XVIe siècle.

292 — Deux bandes en broderie et en applications de couleurs sur fond de soie cerise. XVIe siècle.

293 — Deux petits panneaux ronds, l'un en tapisserie présentant un personnage tenant une palme et l'autre en broderie de soies de couleurs présentant un écusson armorié.

Diamètres : 37 cent. et 45 cent.

294 — Deux tentures rectangulaires, ornées de broderie en soies de couleurs et applications cousues sur fond rouge, et présentant une monstrance dans une gloire formée par des têtes de chérubins, divers saints personnages et ornements. Travail espagnol. XVIIe siècle.

Haut., 2 m. 80 cent.; larg., 1 m. 75 cent.

295 — Différents morceaux de tissu en broderie de soie rouge sur fond blanc.

296 — Deux panneaux rectangulaires en tissu broché.

297 — Grand panneau en étoffe grenat, décoré de morceaux d'application blancs sur fond cerise.

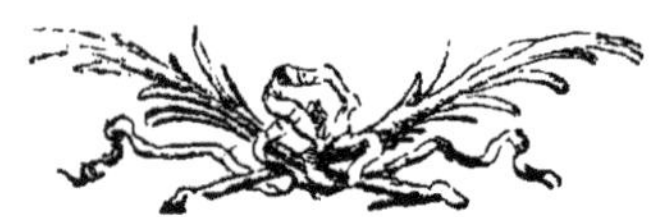

www.ingramcontent.com/pod-product-compliance
Ingram Content Group UK Ltd.
Pitfield, Milton Keynes, MK11 3LW, UK
UKHW020437180726
13839UKWH00004B/1532

9 782329 505473